বেকারত্বের ডাইরি

তিমির কান্তি ভদ্র

ISBN 979-888569699-9

আমার প্রথম কবিতার বই আমার পিতামহ স্বর্গীয় তুলসীদাস ভদ্র,
স্বর্গীয় শঙ্করদাস ভদ্র এবং মাতামহ স্বর্গীয় মহাদেব হালদার কে
উৎসর্গ করলাম।

বিষয়বস্তু

ভূমিকা

দেশের শিল্প, শিল্পী, রাজনীতি, শিক্ষা-ছাত্রদল সবই বেকারত্ব কে প্রভাবিত করে আর প্রভাবিতও হয়। সেই বেকারত্ব নিয়ে বহু কবি, গায়ক, লেখক লিখেছেন, গেয়েছেন। আন্দোলন যেমন হয়েছে, শিল্পও হয়েছে। সেই শিল্পের একটা অংশ হলো কবিতা, যার রূপ আমার এই বইয়ে প্রস্ফুটিত করার চেষ্টা করা হয়েছে।

"আমার পরিচয় বেকার যুবক আমি, সম্বল একটাই দৈন্য... ডিগ্রীর ভাঁড়ারে তবু কিছু মাল আছে, পকেটের ভাঁড়ারটা শুন্য..." – নচিকেতার এই গান থেকে বলাই যায় যে ডিগ্রীর ভাঁড়ার থেকে মাল দিয়ে পকেটের ভাঁড়ার টা পূর্ণ করা যায়না।

বেকারত্বের জীবনে বই একটা আলাদা স্থান দখল করে থাকে, সাথে ডাইরিও। সেই ডাইরির পাতা থেকে কিছু লেখা যদি কবিতার আকারে আসে, মন্দ কী? বহুল চর্চিত বেকারত্ব মাথায় নিয়ে ডাইরির পাতায় লেখা কবিতায় "বেকারত্বের ডাইরি"...

তিমির কান্তি ভদ্র

স্বীকার

আমার এই কবিতা লেখার উৎসাহ থেকে বই প্রকাশ, সবের জন্য আমার মায়ের অবদান অনস্বীকার্য। তার নিরন্তর উৎসাহ আমাকে এগিয়ে যেতে সাহায্য করেছে। তার অবদান ছাড়া আমার এই বইটা কিছুই নয়। এই বইয়ের প্রচ্ছদ, লেখার বিষয় সবেতেই মায়ের নির্দেশ আছে।

এছাড়াও বইয়ের লেখা সিলেক্ট করা, প্রচ্ছদ ধারণা, এবং বিষয়ের ভাবনা সবের জন্য আমার বিভিন্ন বন্ধু, দাদা, দিদি ও পারিপার্শ্বিক পরিস্থিতি কে অনেক অনেক ধন্যবাদ জানাই।

সবশেষে বইয়ের প্রকাশক কে ধন্যবাদ জানাই আমাকে এমন সুযোগ করে দেওয়ার জন্য।

1. বাংলার বেকারত্ব

আনমনা হয়ে রাস্তায় ঘুরি, পরিচয় ‘বেকার’ আমাদের।
ডবল ডবল চাকরির আশা দিয়ে যায় বরাবর কাফের।
ভোটের আগের বুলি চাপুলি, আশার আলো নিরাশায়।
দু-তিন কেজি চালে কি আর মাসটা পার করা যায়?
আধপেটা খেয়ে কাজের খোঁজে ঘোরা যায় কি বারোমাস?
একশো দিনের কাজেও তো একটু মিটবে আশ।

ভোট পরবে বলছে লোকে আচ্ছে দিনের খবর।
আচ্ছে দিনের আগেই দেখি আচ্ছে লোকের কবর।
সেবার ফাঁস লাগালো ফরিদ মিঞা মোড়ের মাথার বটে।
দাম পায়নি চাষের ফসলে যতটুকু সে খাটে!
আর ছেলেটাও তো লাইন দিলো পুলিশ হবে বলে!
মানুষ বাঁচানোর কারবারটাও আজ টাকার ভরসায় চলে।
পড়াবে বলে লড়ছে কত হবু মানুষের কারিগর...
তবু মানুষ তৈরি করেই ওরা মানুষের চোখে পর।

সুখের কাজ কোনোটাই নয়। কষ্ট করেই দিন চলে।
কর দিয়ে যাই শুধু ভোটের জন্য সরকারি তহবিলে।
ওরা ভোট করে, দল-পদ ছেড়ে আবার করে ভোট।
হাভাতে আমরা বুঝিনা কিছু, ওরা বোঝে শুধু নোট।

প্রতিশ্রুতির ছড়াছড়ি, চাকরি-শিল্প থেকে শিক্ষা।

শিলান্যাস যে ব্যবসা বাড়ায়, শিক্ষিতরা করে ভিক্ষা।
চাকুরীজীবি কুকুর হলো, চাকরিটা পুজোর বোনাস।
বছর বছর ধানের মত চাকরির হয়না চাষ।
তবু ভিখিরি বাড়ছে দিনের দিন, ডিগ্রী তাদের পরিচয়।
ভিক্ষা করাটা সম্মানের আর বাকি সবই অপচয়।
ভিক্ষা যারা দেয়, রং বদলায় তারা আজকাল প্রতিদিন।
জাগো বাংলা! বর্তমানে গিরগিটিরই যেন "আচ্ছে দিন"।

২. মিছিল

"চাকরি চাই, চাকরি চাই", মিছিলে মিছিলে আওয়াজ।
অবসাদও আজ থামাতে পারেনি সেইসব কুচকাওয়াজ।
নেতা-নেত্রী ডাক দেয় তাদের, "বন্ধুগন"; রাখে তন্দ্রায়।
রাজনীতি চাকরির পথে ব্যারিকেড। শ্রমের মূল্যের অন্তরায়।

মিছিলের সাথে পা মিলিয়ে হাঁটছে দেখো তারা...
স্লোগান তুলে মানুষের কথা বলছে দেখো তারা...
তারা বলছে সবাই বদলে দেবে চলছে যা সব–
বদলেছে দিন যাপন কিন্তু বদলাইনি প্রতিশ্রুতিরা!

তবু তারা স্বপ্ন দেখে – চাকরি পাবে তারা একদিন ঠিকই!
ভরসা রাখে: তাদের কথা ভাববে রাজনৈতিক নেতা নেত্রী।
"একদিনে হবে না ঠিকই কিন্তু একদিন ঠিকই হবে", জানে;
বছরের থেকে যুগ পেরিয়ে যায় – বাড়তে থাকে পথ যাত্রী।

৩. রাজনীতি

যদি হতে পারো গিরগিটি,
তবেই তো হবে রাজনীতি।
নয়তো দাঁড়াও হে তুমি সরে।

এর পোষা তার খোঁয়াড়ে,
এই তো চলে বারেবারে।
নয়তো ক্ষমতা টিকবে না সরকারে।

মানুষের যা চাহিদা,
কেমনে মিটবে তা?
পকেটের টান আগে হবে মেটাতে।

তারপর কিছু যদি বাঁচে,
ঢেলে রাজনীতির ছাঁচে,
কাজসারা দিতে হবে যে তাতে।

যত দোষ ঘোষের কেন?
কংস রাজা বললো যেন।
স্বেরাচারী টানলো দলে মিত্র করে।

গিরগিটির মত বদলে রং,
যুদ্ধ ছেড়ে দিল সঙ্গ,

উলুখাগরা হয়ে প্রজারা শুধু মরে।

দেশের দশের জন্য নয়;
নিজের পকেট ভরতে হয়;
রাজনীতি তো একেই বলে বন্ধু রে।

দোষের মধ্যে গুন একটি,
শত্রু থাকে যে কয়টি...
হাত বাড়িয়ে আনবো দলে,
রাখবো না আর দূরে।

4. পরিযায়ী

বন্দী আমি। সে নয়; সে পরিযায়ী।
হেঁটে চলে কাজের জায়গা থেকে বাড়ির পথে।
জামাই আদর না। শুধু দু-মুঠো অন্ন চায়।
পেট ভরবে। আর একটু ছাউনি– থাকবে রাতে।

ভীত আমরা। তারাও ভীত-সন্ত্রস্ত বন্দিদশায়।
তবু তাদের হেঁটে আসতে হয় এতটা পথ; পেটের দায়।
কারো সন্তান কাঁধে, কেউ বা মেলায় পা সাথে।
বাবা মার সঙ্গে বাড়ি ফিরতে বাচ্চাগুলোও হাঁটে।

ঘরবন্দী থেকে আমরা রাঁধি কত কী–
কোনোদিন বিরিয়ানি, কোনোদিন চাইনিজ।
ওরা অভুক্ত রয়েও কাটিয়ে দেয় দিন।
কোনোদিন যদি জুটে যায় খাবার, জানায় ভগবানে কুর্নিশ।

এককাপড়ে তাদের স্বাচ্ছন্দে কাটিয়ে দিতে হয়।
আমরা সাজি কত নিত্য নতুন সাজে।
হেঁটে চলে কাজের জায়গা থেকে বাড়ির পথে।
আমরা ব্যস্ত। ওয়ার্ক ফ্রম হোম: বাড়িতে বসে কাজে।

স্যানিটাইজার নি হাতে। মাস্ক জড়ানো মুখে।

ছেঁড়া কাপড়ে মুখ ঢেকে, রৌদ্রে হেঁটে চলে তারা সুখে।
সরকারি লোক এসে রাসায়নিক দিয়ে করে পরিষ্কার।
পরিযায়ী তারা। এর বেশি তাদের নেই তো অধিকার।

জামাই আদর না। শুধু দু-মুঠো অন্ন পেটের দায়ে।
মাথা গোঁজার মত ছাউনি। এই টুকুই তারা চায়॥

5. শ্রমের সম্মান

আমার কলমের ঝরবে কালি
শ্রমিকের মাথার ঘামের মতো।
কবিতায় আমি ধরবো তুলে
তাদের মূল্যবান শ্রম যত।

কিশোর কবি গেছেন লিখে
"ফসলের ডাক"-এ "কৃষকের গান"।
নজরুল তাঁর সাম্যবাদে
কুলির শ্রমকে দিয়েছেন স্থান।

বিশ্বকবি আয়েশের ফাঁকে
লিখেছেন কত গরীবের কথা।
তার লেখাতে উঠেছে ফুঁটে
শেষ সম্বল হারানোর ব্যথা।

শুধু বাংলা কেন
বিশ্বের প্রতিটি কোণায়...
"শ্রমজীবীর জয়গান"
সবাই গায়, সবারে শোনায়।

তাদের নিয়েই হচ্ছে পালন

শ্রমিক দিবস বিশ্বজুড়ে,
মে মাসেরই প্রথম দিনে
হবে হবে বছর ঘুরে।

দৈনন্দিন চাহিদা পূরণ
শ্রমিকদেরই শ্রমের দান।
কায়িক হোক বা মানসিক
সবাইকে জানাই সম্মান॥

৬. বাঙালির শিল্প

বাঙালি জাতি শিল্পটাকে ভুলতে বসেছে সবে...
শিল্পী তাঁর তুলি কলম শিকেয় তুলেছে কবে!
শিল্প যে কাকে বলে, কে আর আজ মনে রাখে!
দাবার চালে ছুটির বিকেল পথ ভুলেছে বাঁকে।

কবে একজন কে বলেছিল বাঙালির ভাবনা নিয়ে...
আজদিনে যা ভাবে সে, অন্যরা একদিন বাদ দিয়ে।
ভাবনাগুলো শুধু ভাবাই হলো... ফুটলো না আর শিল্পে!
মাঝে মাঝে যদিও ঝলক আসে বুদবুদ হয়ে অল্পে।

রুখতে পারে কি মনের ভেতর জমানো আকাঙ্ক্ষা?
বেরিয়ে আসে ঠিকই। শুধু কম হয়ে যায় সংখ্যা।
আসলে শিল্প ছেড়ে ঝুঁকছে সবাই চাকর হওয়ার লোভে।
ইঁদুর দৌড়ে দৌড়ছে তারা অন্যকে হারানোর ক্ষোভে।

শরীরচর্চা, খেলাধুলা, গান-গল্প-তর্ক...
একটা সময় বাঙালি এতেই খুঁজে পেত স্বর্গ।
আজকে নাকি ফালতু এসব। সঠিক ইঁদুর দৌড়।
অভিন্নতায় বাঁচার চেয়ে ভালো পরিচয় "চাকর"!

অর্থনীতির নোবেলজয়ী বাঙালির বাংলা গরীব!

দারিদ্র্যতা ভাঙছে যেন শিল্পীস্বত্বার রিব।
সাহিত্য-গান-তর্ক বিতর্ক আর ব্যায়াম খেলাধুলা–
পায় না দেখতে বাঙালি সেই ফেলে আসা পদধুলা।

খাদ্যরসিক বাঙালি আজ মেপে খাচ্ছে সবই।
কোলেস্টেরল-ইউরিক অ্যাসিড আজকে যেন বীর।
থাওয়ার শিল্পও লুকিয়ে গেছে বাঙালির ইতিহাসে...
বাঙালি আজ ইঁদুর দৌড়ে জিতলেই তবে হাসে॥

7. জয়

কিছুটা ফ্রাস্ট্রেশন। কিছুটা ইচ্ছা। আর?
আর কিছুটা ভালোবাসা দিয়েই বসে থাকা।
কিছুটা পরিস্থিতির ধাঁধার চক্করে কাটানো,
কিছুটা না চেয়েও, চেয়ে বসা আবদার।

সরকারি চাকরিটা ঠিক এমনই হয়।
সে কেরানিগিরি হোক বা মাস্টারি,
বা উচ্চপদস্থ কর্মচারি, সবই একই।
শুধু গার্লফ্রেন্ডের বাবাকে ইমপ্রেস নয়;
নয় বয়ফ্রেন্ডের মাকে নিজের ওজন বোঝানো;
নিজের জায়গাটা তুলে ধরার জন্যও বটে।

তবু পরিস্থিতি যেমন হচ্ছে দিনরাত...
আশার আবেশে বিফল মনোরথ হওয়া স্বাভাবিক।
একটা স্ফুলিঙ্গের কারণে টিকে থাকা হয়।
সেই টিকে থাকায় এনে দেবে জয়।
জীবনযুদ্ধে হওয়া ফ্রাস্ট্রেশন থেকে জয়।
নিজের জায়গাটা তুলে ধরে রাখার জয়।

৪. শিল্পী ও শিল্প

ভাঙ্গা গড়া জীবন শুধু শিল্পী হলেই হয়।
শিল্পী ছাড়া এমন জীবন নয় কারও নয়।

দিন শেষে তুমি তুমিই। আমি আমিই। আমরা ঠিক একাকী।
কষ্ট ফুরোলেই খুঁজে বেড়াই কেমনে কষ্টগুলো বেঁধে রাখি।

বুক ঠুকে, বদ্ধ মুষ্টি আর সোচ্চার হয় আওয়াজ;
সব অন্যায়ের প্রতিবাদ আটকাতে পারে না লাজ।

অভিনয় যতকিছু দলাদলি খেয়েছে...
মাঝখানে শুধু কজনই রয়ে গেছে...

অভিমানে জমে মেঘ, বৃষ্টি ঝরে শিল্প হয়ে।
থেকে যায় এমনি, এমনই অভিমানী হয়ে।

বিকেলের অস্তমিত সূর্যের আভার রঙে রাঙা।
মনটা তার শিল্প ছাড়া সাজের আর্শি ভাঙা।

নানা রঙে রঙিন বসন্ত, সাদা ফুলের মেলায় শরৎ...
একজন শিল্পীই শিল্প বুঝে, শিল্পীরই থাকে দরদ।

৯. একলা

বৃত্ত আমার দিনের দিন ছোট্ট হচ্ছে আরো...
তোমরা কেমনে বন্ধু ছাড়া এত ভালো থাকতে পারো?
কেমন করে চুপ করে যাও, বলো না কথা কারোর সাথে,
কেমন করে আবেগ লুকাও, একলা থাকা অমার রাতে?
প্রেমটা তো করতে নারো, প্রেমের কথা ও বলতে নারো;
কেমন করে প্রেম ছাড়া এ জীবনে বাঁচতে পারো?
বিচ্ছেদের গল্প লেখো, গল্প করো একাকীত্বের;
অভিমান করো বেঁচে থাকার, অপেক্ষা করো শেষকৃত্যের?

আমিও তা পারি না কেন? কেমন করে অমন হয়?
তোমাদের কাছে শিখতে হবে একলা কীভাবে থাকতে হয়!
একলা থাকা কষ্ট ভীষণ, বন্ধ হয়ে আসে দম...
তবুও তোমরা পছন্দ করো একলা থাকা হরদম।
দিনের দিন পরিধিটা গুটিয়ে আনো নিজের কাছে,
একলা থাকতে আনন্দ পাও একলা থাকার খোলনলচে।
একটা বিন্দুই বৃত্ত তোমার, ক্ষেত্রফল ও শূন্য।
একলা থাকার অনুভূতি তোমাদের কাছে অনন্য।

১০. ভালোবাসা-ভালোবাসা

একদিন সাহিত্য হবে তোমাকে লেখা চিঠিগুলি।
লিখে গেছি যতকিছু সব অন্ধপ্রেমের ব্রজবুলি।
ভালোবাসার স্মৃতি-প্রমাণ, রেখেছি সব যতনে।
বলে দেবে ওগুলোই তোমার প্রতি কত ন্যাক।
তোমার প্রতি ভালোবাসা বাড়ছে যে দিন দিন।
ভালোবাসা বাড়ায় শুধু ভালোবাসার জন্য ঋণ।
আমি তোমায় ভালোবাসি, তুমি আমায় বাসো কি?
জিজ্ঞাসা আর করতে চাইনা, হতে চাইনা সাবেকি।
একতরফা থেকে যাবে ভালোবাসা বরাবরই।
ছাপিয়ে যাবেনা ভালোবাসা যতই হোক সেরা বরই।
ভালোবাসা ভালোবাসাই। হবে না তার তুলনা।
ভালো যদি বাসা যায়, তাতে কোনো ভুল নাই।
অভিমানে জমে মেঘ, বৃষ্টি ঝরে শিল্প হয়ে।
থেকে যাবো এমনি, এমনই অভিমানী হয়ে।
ভালোবাসার পরিশ্রমে, ক্লান্তি আসবে না চার আনা;
শুধু থাকবে ভালোবাসা; ভালোবাসা ষোলোআনা।

11. ফেসবুক পোস্ট

পড়াশুনা চুলোই যাক, আমি এখন খুব ব্যস্ত।
কাজ আমার, পোস্ট করা সোশ্যাল মিডিয়ায়, দোস্ত।
থাই দাই বগল বাজাই, ওসব পুরোনো কাহাবৎ।
এখন শুধু মোবাইল টেপা, করতে হবেই আলবৎ।

কাজ নেই, নয়কো মোটেই; রিয়েক্ট কমেন্ট করছি।
লাগলে ভালো নিজের ওয়ালে শেয়ার করে দিচ্ছি।
বন্ধুর সাথে খেলে মিল, পোস্টে ট্যাগাই তৎক্ষণাৎ।
হেথায় হোথায় লিখছি কভু, ক্যায়া বাত ক্যয়া বাত।

নিজের গুণ গাইছি নিজেই, দোষটা নিয়ে চর্চাও।
দোষের কথা দশে বলে, বের করছি মোচাও।
কাজের কাজ হয়না কিছু, অকাজেও লাগে না আর তা।
লাগলে ভালো লাইক আর শেয়ার করো, এটাই আমার বার্তা।

১২. আঠারো বছর বয়স

আঠারো বছর বয়স মানে
জটিল তাদের বুঝে ওঠা।
দুঃসহ সব কাজের দ্বারা
চুকিয়ে দেয় সকল ল্যাঠা।

আঠারো বছর বয়স থেকেই
কেরিয়ার গড়ার স্বপ্ন ধরে।
আঠারো বছর বয়স মনে
চলতি গাঙের ঢেউয়ে ভরে।

আঠারো বছর বয়স জেনো
সিদ্ধ হয় মনস্থিরে।
আঠারো বছর বয়স যেন
জন্ম দেয় মহাবীরের।

আঠারো বছর বয়স ছোটে
দুর্নিবার তুফান লয়ে—
আঠারো বছর বয়স চটে
নুয়াইনা শির চোটের ভয়ে।

আশুতেই তো তৃপ্ত তারা,

আশুতোষের মত ক্ষিপ্ত।
সাম্প্রতিকে সজাগ রয়
অষ্টাদশে অভিষিক্ত।

স্পর্ধা যাদের অভিন্নতা,
শ্রদ্ধা যাদের পরিচয়,
রক্তে তার কর্মঠ গুণে
শেখায় ক্যামনে সব সয়।

ভালোবেসে করে আপন,
দশের কাজে সঁপা জান।
দেশের তরে তৈরি সদা,
আঠারো বছরের এই প্রমাণ।

পুরাতনের কদর করে
নতুনের করে আহ্বান,
ধর্মাচারে রপ্ত রয়ে
চর্চা করে সব বিজ্ঞান।

সমতার বিচার রেখেই,
সবাই মিলে এগিয়ে যায়।
গুণাগুণের জেরেই মোরা
আঠারোর জয় গান গাই।

13. ছাত্রদল

চারিদিকে শুধু হাহাকার,
মানুষের ভিড়ে মহামারী;
কত মানুষ মরে এর ফলে–
কেই বা খবর রাখে তারই!

ঘিঞ্জি পরিবেশ যত বস্তির।
অস্বাস্থ্যকর বলে সব লোকে।
কতজনের কত যে সমস্যা–
কে বলো তার খবর রাখে!

মুমূর্ষু রোগীর প্রাণ যায় যায়,
রক্ত পথ্যের খুব দরকার।
কেউ নেই পাশে যেখানে
কে পাশে এসে দাঁড়ায় তার!

বেকার হয়ে পড়েছে একদল–
তারা ফর্ম ভরে চাকরির।
কেই বা খবর রাখে এসবের
কে হিসেব রাখে কানাকড়ি!

14. একটি সুইসাইড নোট

প্রতিটা ডাইরির পাতা এক একটা সুইসাইড নোট!
বেকারত্ব বাড়িয়ে নিয়েছে আরো পাতার ওজন!
শুধু পকেটের ফাঁকা আওয়াজে বুকে লাগে চোট,
আর বাকি সব আঘাতই সয়ে নেয় এই পাগল মন।

প্রতিটা পাতা বয়ে চলে যে আত্মঘাতী আর্তি,
তার চিৎকার সেই পাতাতেই আজও স্তব্ধ।
মধ্যবিত্তের কাছে চাকরিটা বেশী প্রাইওরিটি
আর বাকি সব প্রয়াস যেন হয়ে যায় ব্যর্থ।

প্রতিটা পাতা যে গল্প বয়ে নিয়ে যায় বরাবর,
কেউ পাতা উল্টিয়ে বুঝতে চায়না সে কাহিনী,
কেউ দেখেনি মনে জমা থাকে কান্নার সরোবর,
নোনা জলে ডুবে গেছে কত শত যে ফিনিক্স।

তবু ডাইরির পাতা খালি থাকে না একটুও:
জমা অভিমানে তৈরি হতে থাকে সুইসাইড নোট।
ব্যর্থতা শুধু প্রমাণ করে চেষ্টাগুলোকে ভুয়ো,
আর সাফল্যের চাদরে ঢাকা হয় ব্যর্থতার চোট।।

একটা করে আঘাত পেরিয়ে, মলম লাগিয়ে ঘা'য়,
প্রতি নির্বাচনে বেকারেরা হামেশাই মরে যায়।।

— স্লিপিং পিলস